Serpro, 12 por 12

Abertura	02
Capítulo 1 - Sonho realizado, virei funcionário público	04
Capítulo 2 - Choque de realidades	07
Capítulo 3 - Novos desafios na segurança de TI	10
Capítulo 4 - Transição frustrada	13
Capítulo 5 - Buscando novos negócios	15
Capítulo 6 - Projeto "rabo-de-foguete"	16
Capítulo 7 - Um convite especial	19
Capítulo 8 - O maior desafio	21
Capítulo 9 - O renascimento de uma regional	23
Capítulo 10 - Hora da despedida	25
Capítulo 11 - Continuidade do legado	28
Capítulo 12 - Adeus, obrigado pela jornada incrível	29
Encerramento	31
Agradecimentos	32

Abertura

Doze anos se passaram desde o inicio da minha jornada como serpriano e, motivado por um desejo de registrar algumas passagens importantes que vivenciei ao longo desse tempo, pelo respeito e admiração que terei eternamente por esta instituição e seus colaboradores, decidi escrever essas memórias e compartilhá-las com àqueles que embarcaram nesta jornada comigo e aos que, de certa forma, ainda acreditam no papel fundamental que o funcionalismo público tem para a sociedade.

Muitas pessoas me perguntavam à época o que havia me motivado para trocar um emprego de 6 anos em uma multinacional do petróleo por um cargo público de analista de redes, em uma empresa pública que muitos sequer sabiam da existência. Na época eu tinha uma resposta pronta, mas na verdade não tinha noção do real significado dela, o que mais tarde acabaria percebendo. No entanto, para aquele momento, a resposta ia na direção de apostar numa maior estabilidade e segurança, pois todos sabemos que dificilmente um funcionário público pode ser demitido.

Além disso, como é característico da indústria de óleo e gás, a Shell Brasil vivia um momento de transição entre os anos de 2003/04. Devido aos altos e baixos do mercado de petróleo, houve um movimento de centralização de áreas e processos nos EUA e Europa, desencadeando assim uma reestruturação interna. Começamos a experimentar demissões e reduções nos quadros, principalmente nas áreas de apoio ao negócio como TI. Era chegada a hora de reavaliar os meus objetivos de carreira.

E foi com o passar dos anos trabalhando para a maior empresa pública de tecnologia do mundo, que descobri o quanto foi importante para o meu crescimento profissional e pessoal ter saído da Shell naquele momento.

Através desta narrativa, tenho a ousada pretensão de mudar um pouco o conceito que existe na cabeça de muitos, de que o funcionalismo público é "cabide de emprego" e que não traz ganhos para a sociedade. Se, após a leitura deste livro, as pessoas que têm essa impressão possam refletir sobre isso, isso seria um bônus pra mim, pois não se trata do objetivo maior desta obra.

Ao longo das histórias não irei mencionar nomes para não expor ninguém, pois o objetivo é tão somente compartilhar as experiencias marcantes que tive ao longo desses doze anos em que trabalhei efetivamente dentro da Empresa. Digo isso, pois no ano de 2020 completei 15 anos de vínculo com o SERPRO. Estou licenciado desde Junho/2016 devido a uma necessidade pessoal que será apresentada mais tarde no decorrer dos capítulos.

Espero que vocês aproveitem a leitura e, especialmente para àqueles que saberão em detalhes os bastidores de cada episódio relatado aqui, adianto que eles foram fundamentais para o meu amadurecimento profissional, principalmente quando havia divergência de ideias ou de personalidades.
Boa leitura!

Capítulo 1 - Sonho realizado, virei funcionário público

O ano era 2005, estava retornando pra casa depois de mais um dia de trabalho. Nesta época eu era um especialista em centro de dados e segurança da informação, tendo tido passagens pelas áreas de automação, atuado como líder de projetos, além de suporte de TI, onde comecei como estagiário em 1999, em um dos maiores grupos de petróleo do mundo, o grupo Shell.

A carreira estava indo muito bem, com reconhecimento profissional recorrente e salário compatível com as responsabilidades que exercia. No entanto, devido a inexperiência, naquela época estava com 25 anos, e falta de visão estratégica, acabei desprezando boas oportunidades de continuar crescendo em uma das áreas de negócio da cia, em detrimento do "prazer" relativo que sentia em trabalhar com TI.

Se tivesse continuado a investir nas atividades que executava quando era líder de projetos na área de automação, certamente minha carreira teria decolado mais depressa. No entanto, aprendi que na vida os erros fazem parte do seu dia a dia e que, o segredo, é como você consegue aprender, responder e crescer com eles.

Voltando ao inicio desta fala, depois que cheguei em casa e chequei a correspondência que ficava jogada no chão, embaixo do portão que dava acesso ao prédio em que morava, percebi que havia um telegrama endereçado a mim. Achei estranho, pois não me lembrava da última vez que havia recebido tal correspondência.

Infelizmente não há como expressar aqui em palavras o que senti quando abri aquele telegrama. Tratava-se de uma convocação para o processo de admissão no SERPRO. Era uma coisa que eu buscava já a algum tempo e a emoção tomou conta de mim naquele momento.

Faço uma pausa aqui para contextualizar e tentar passar para vocês do porquê fiquei tão emocionado quando recebi aquele telegrama. Como a grande maioria dos filhos, temos como espelhos os nossos pais. Eles são exemplos de como devemos crescer, se comportar, agir, ser. Meu pai sempre foi funcionário público e, por mais de 30 anos trabalhou na FINEP, estatal ligada ao Ministério da Ciência e Tecnologia. Ele nunca admitiu abertamente, mas sei que ele nutria um sonho de me ver bem empregado e de ser bem sucedido na vida. Afinal, qual pai não tem esse sonho para seus filhos? E, na visão dele e de muitos de sua geração, isso significava ter um emprego público.

Eu, como filho, tinha a obrigação de proporcionar isso pra ele, não só como forma de recompensar todo o esforço que ele e minha mãe haviam feito para me criar, mas por também acreditar que um emprego público era importante para a estabilidade financeira, um aspecto importante para uma visão de longo prazo e para quem estava disposto a constituir familia (naquela época eu era recém casado e não tinha filhos).

Portanto, sempre com esse pensamento e mesmo tendo um futuro promissor dentro da iniciativa privada, vinha fazendo concursos públicos para diversas estatais. Porém, sempre "batia na trave". Então, no inicio de 2005, recebi aquele telegrama, dizendo que eu havia passado em 16o lugar para o cargo de Analista de Redes do Serviço Federal de Processamento de Dados - SERPRO.

Naquela época, o SERPRO estava iniciando um processo de renovação de seus quadros internos. A cia possuía uma média de idade alta entre seus funcionários (algo em torno de 44 anos) e muitas pessoas estavam se aposentando ou em idade para se aposentar. Com isso, o material intelectual e cultural da Empresa estavam sendo perdidos.

Infelizmente isso era um realidade em várias empresas do governo, resultado de uma política de enxugamento do estado e privatizações que ocorreram nos anos 90. Com isso, devido a falta de novos concursos públicos e a impossibilidade das estatais de renovarem seus quadros, o envelhecimento desses profissionais era inevitável. Com a entrada da esquerda no governo no início dos anos 2000, esse cenário foi mudando, pois novos concursos públicos começaram a ser oferecidos.

Apesar de ter sido aprovado no concurso público realizado em 2004, devido a minha colocação, só fui convocado no início de 2005. Portanto, no dia 14 de Março daquele ano, estava me apresentando no Horto, onde a regional do SERPRO tem sua sede no RJ.

Sonho (meu e da familia) realizado, me tornava ali um funcionário público.

Capítulo 2 - Choque de realidades

A despedida da Shell foi marcante. Muitos não entendiam o porquê estava me desligando, ainda mais para receber menos do que recebia. Isso mesmo, entrei para o SERPRO ganhando na média 30% a menos do que recebia na Shell. O salário inicial do SERPRO era muito baixo naquela época. Por isso que muita gente que passava nos concursos do SERPRO em nível nacional, acabava saindo assim que conseguiam passar em outros concursos que pagavam melhor. Na média nacional, o SERPRO daquela época era a estatal que oferecia o pior salário no início de carreira.

Depois de alguns anos a Diretoria reviu isso e passou a adotar um salário inicial melhor. Isso aconteceu somente em 2008, com a adoção de um novo plano de carreira. Só a partir daí houve uma maior retenção dos novos talentos.

Quando fiz o processo de admissão com o RH, a pessoa que estava conduzindo o processo começou a ler meu currículo. Dessa forma, eles poderiam "encaixar" o meu perfil na área mais compatível. E, durante a leitura do documento, ela comentou com o colega ao lado: *"Olha aqui, esse menino tem graduação e pós graduação"*. E eu emendei: *"E estou interessado em fazer uma segunda pós assim que me estabilizar por aqui"*. E os dois ficaram olhando pra mim como se aquilo fosse esquisito. Foi engraçado, mas perfeitamente compreensível, pois não havia tantos profissionais na casa com muitos cursos, certificações ou títulos.

Naquela época, a grande maioria possuía cargo de Técnico ou Auxiliar, não havendo a obrigatoriedade de apresentar curso superior. Somente os aspirantes a cargos de Analista deveriam possuir tal diploma. Porém, mais tarde eu entenderia que a capacidade técnica e experiência desses profissionais, substituía de longe muitas das certificações que eu consegui ao longo dos anos.

Depois da admissão, conversei rapidamente com uma pessoa que era a chefe de divisão de uma das unidades do Ministério da Fazenda. O SERPRO foi criado originalmente para prestar serviços de TI ao MF e, por isso, tínhamos e ainda temos forte presença dentro do Ministério.

Ela viu meu currículo e percebeu forte experiência em segurança de TI e administração de redes/servidores. Na mesma hora pediu que eu me apresentasse no prédio do MF, no centro da cidade. Chegando lá, fui apresentado ao chefe de setor à época, que foi meu primeiro gerente naquele ano. Depois fui apresentado à equipe que eu iria administrar, isso mesmo, de cara já me colocaram à frente de um time de técnicos de suporte onde eu exerceria liderança e coordenaria as atividades do setor. Foi quando eu tive a primeira experiência como gestor de pessoas, mesmo não sendo o gerente funcional deles, o que foi muito bom para meu crescimento profissional.

O interessante desta passagem é que, a motivação principal para a minha entrada naquela equipe, que prestava serviços de suporte em TI para duas das maiores delegacias regionais da RFB, era que o então líder da época avisara que iria se aposentar em breve. Porém, depois das primeiras semanas fazendo o "*handover*" com ele, percebi que ele havia desistido da aposentadoria e que iria continuar trabalhando. E agora? Como seria isso?

O tempo foi passando e as lideranças do departamento foram capazes de movimentá-lo para outra área e ele acabou ficando satisfeito com o resultado. No fim, passados mais uns anos, ele resolveu sair em um dos programas de aposentadoria incentivada.

Uma vez tendo ganhado a confiança da equipe e entendido a rotina do setor, era a hora de propor melhorias, mudanças, e foi aí que o choque de realidades teve início.

Estava acostumado com processos estruturados, sistemas desenhados para facilitar o seu dia a dia, flexibilidade na hora de discutir alternativas e suporte para tentar coisas novas. Porém, a realidade e cultura organizacional de uma empresa pública são bem diferentes de uma empresa privada. Logo percebi que não iria ter sucesso se não me adaptasse.

Os primeiros anos foram realmente bem difíceis. Falta de estrutura, falta de reconhecimento, baixo salário, e desmotivação. Confesso que pensei em desistir várias vezes e, em um desses momentos, fui almoçar com meu último gerente da Shell no restaurante Couve-Flor, na PUC-RJ. Ele ainda é professor de lá. Conversei bastante com ele, de como eu estava insatisfeito e infeliz sobre a escolha que havia feito e se ele ainda via algum espaço para eu voltar a trabalhar na Shell.

Ele escutou aquilo tudo e trocamos algumas ideias de como é importante termos que nos reinventar algumas vezes, ter persistência e não desistir. Temos que ter resiliência e, de alguma forma, mostrar para quem está ao nosso lado os valores que temos.

Aquela troca de ideias foi muito importante, e me deu mais energia e foco para continuar seguindo em frente.

Capítulo 3 - Novos desafios na segurança de TI

Depois de quase dois anos à frente da equipe de suporte na DERAT e DEFIC, chegara a hora de colher o que havia sido plantado e alçar novos ares.

A satisfação do cliente havia crescido, novos processos haviam sido criados, o número de chamados havia caído ao ponto de termos a flexibilidade de ajudar outras delegacias que estavam sob atendimento de outras equipes de suporte, e eu havia extraído o máximo do potencial do time que estava comigo. Era chegada a hora de partir para um novo desafio.

Naquele momento havia uma discussão muito forte dentro do SERPRO sobre segurança de TI, principalmente dentro das unidades de centro de dados. Havia uma necessidade de ter mais controle sobre os processos produtivos, de haver mais segurança na proteção dos dados que o SERPRO, como custodiante, tinha a obrigação de proteger.

Nesse contexto, a Diretoria havia aprovado a criação de um departamento de segurança da informação dentro da Superintendência de Centro de Dados - SUPCD e, a mesma pessoa que me levara para trabalhar dentro da RFB, me convidou para integrar à equipe de segurança da SUPCD que estava sendo montada no RJO.

Houve aí uma pequena frustração neste processo, pois a minha expectativa era de assumir a divisão de segurança naquele momento. Afinal, todo o trabalho que havia desenvolvido no cliente RFB e minha bagagem técnica na área, me credenciava para assumir esse desafio.

No entanto, não foi assim que aconteceu e uma outra pessoa foi convidada para assumir a divisão. A área foi montada com 3 funcionários, além do gerente. E tivemos que começar literalmente do zero. E assim foi com BSA e SPO. A diferença era que em SPO já havia uma equipe que atuava em um dos processos de segurança e, para eles, o time já possuía uma sinergia.

A mesma sinergia também foi percebida no time de BSA, pois além de contar com pessoas com perfis semelhantes, eles estavam próximos da Sede, facilitando a comunicação com a liderança do departamento, localizada no mesmo prédio.

Já na equipe do RJO, foi preciso mais tempo para as peças se ajustarem. Tínhamos uma equipe mista, com pessoas de diferentes visões e de forte personalidade. Não demorou muito para os primeiros conflitos acontecerem, pois eu e mais um colega havíamos sido trazidos pela chefe do departamento, e não pelo chefe da divisão à época. Com isso, tivemos que nos adaptar e aprender a trabalhar juntos.

O terceiro membro da equipe possuía cargo de técnico e era o menos experiente na área. Devido ao seu temperamento difícil, não demorou muito para ele sair do time e procurar novos desafios.

Em meio a tudo isso, nós tínhamos que mostrar resultados e, durante os primeiros meses, foi fundamental a participação de outro chefe de divisão que a SUPCD teve na época, uma pessoa extremamente orientada a processos e professor nato. Aliás, acho que ele tinha mais prazer trabalhando como professor do que dentro do SERPRO. Eu posso entender isso, pois muitas vezes tínhamos que fazer concessões que, não necessariamente seguiam premissas técnicas. Para alguém com o perfil dele, isso era a morte! Muitos irão saber de quem estou falando...

Depois que nós conseguimos estruturar a área com processos e projetos de segurança identificados, já estávamos caminhando por conta própria. Foi quando essa mesma pessoa que nos ajudou no início fez uma confissão. Ele nos confidenciou que, quando a nossa então chefe de departamento havia sido convidada para assumir o novo cargo, ela recorreu a ele para ajudar na estruturação das divisões em cada regional. Foi naquele momento que ele percebeu que estava em apuros! Nas palavras dele: *"Preciso estudar o que é segurança da informação senão esses caras vão me engolir! Assim eu vou morrer, mortinho!"* Foi muito engraçado ouvir isso dele., Fiquei impressionado ao mesmo tempo, pois desde o início não percebi que ele desconhecia totalmente o tema.

Prova irrefutável da capacidade técnica e motivacional que ele tem. Nos ajudou muito.

Os meses foram passando e conquistamos bons resultados dentro da SUPCD, com destaque para a disseminação da cultura de segurança, realização de workshops, da prática do gerenciamento de riscos ou GRS como muitos conheciam, da visibilidade que a área ganhou dentro da Empresa e da valorização dos profissionais que atuaram neste tema. Eu tive a chance de participar de eventos nacionais de segurança como palestrante e representante do SERPRO na área de segurança, onde o GRS era uma ferramenta de destaque nas minhas apresentações. Também tive a oportunidade de visitar regionais, inclusive unidades da RFB, para falar sobre a cultura de segurança e seus controles. Não atoa, fiquei conhecido dentro da Empresa como um dos especialistas na área.

Tínhamos um gerente competente tecnicamente, especialista na plataforma alta. Porém, a plataforma baixa não era seu lado mais forte, assim como sua capacidade de comunicação com o time e com a gerência superior. Problemas de relacionamento eram constantes e a confiança entre a gente foi ficando prejudicada.

Diante deste cenário, nossa chefe de departamento resolveu promover uma mudança na liderança da área. E, mais uma vez, cheguei a nutrir uma expectativa de ser considerado para a posição e dar continuidade ao trabalho. Porém, outra pessoa de fora da equipe acabou sendo escolhida. Com um perfil técnico bem semelhante ao seu antecessor, porém com mais "jogo de cintura" e maior trânsito em diferentes níveis da hierarquia. Era só o que bastava, pois o trabalho técnico quem tocava era a gente mesmo.

Além disso, ele deixava o time a vontade para conduzir as tarefas e projetos. Outro ponto positivo era a confiança que ele depositava na gente. Isso foi fundamental para continuarmos produzindo bons resultados. Por fim, trabalhamos juntos por mais 1 ano, até que as divisões de segurança tiveram uma reestruturação em função da junção de duas superintendências numa só, criando naquela ocasião a SUPSI.

Capítulo 4 - Transição frustrada

Com a reestruturação acontecendo, as divisões de segurança iriam sair da estrutura da SUPCD. O nosso então gerente optou por não sair e foi trabalhar em outra área. A essa altura, meu colega de time também havia tomado a decisão de trabalhar em outro lugar, mais precisamente na divisão do gerente que havia nos ajudado na estruturação anterior, aquele professor. E, com isso, acabei me vendo sozinho para continuar carregando a bandeira da segurança de TI no RJO.

Quando anunciaram que a divisão de segurança seria mantida na nova superintendência, renovei as minhas expectativas e aguardava pelo convite. Afinal, eu era o único da regional que acumulava os dois perfis: técnico & gestor.

As pessoas começaram a me cumprimentar, assumindo que eu seria a escolha mais óbvia, pois de fato não havia ninguém naquela época com o perfil melhor para a função. Porém, uma das coisas que você aprende com o tempo é que, quando você cria muita expectativa sobre um tema e assume que aquilo irá acontecer, além da decepção ser bem maior quando não acontece, na maioria das vezes o que acaba acontecendo não é o que você está esperando.

E dessa vez não foi diferente. Por incrível que possa parecer, o novo superintendente escolheu um técnico que pouca gente conhecia, sem nenhuma experiência gerencial, que atuava como suporte de TI e desenvolvia algumas pesquisas relacionadas a segurança de sistemas voltada para programação e codificação. Hoje, só posso atribuir isso a uma tentativa de enfraquecer a regional, pois em SPO e BSA ele criou equipes mais capacitadas para continuar respondendo pelo tema.

Junto com esse novo gerente, vieram mais alguns técnicos de campo que pareciam não ter um lugar definido para ficar na nova estrutura. Com a chegada dessas novas pessoas, estava formada a nova área de segurança no RJO.

Essa talvez tenha sido a maior decepção e frustração que experimentei dentro do SERPRO, pois além de ter sido preterido para liderar a nova divisão, durante a transição para a SUPSI, minha gratificação técnica (FCT) foi cortada pela metade e nunca voltou ao patamar de antes.

Àquela altura, no entanto, já possuía esclarecimento suficiente para saber que, a instituição está acima de qualquer pessoa e que as pessoas são passageiras. Além disso, quando se trabalha numa empresa pública, você rapidamente aprende que existem ciclos. Às vezes você está por cima, outras você vai parar lá embaixo, e vida que segue!

Capítulo 5 - Buscando novos negócios

Apesar de ter tido motivos suficientes para não continuar na área, decidi seguir adiante até que outra porta se abrisse. Nessa época eu produzia relatórios de segurança de TI para alguns clientes do SERPRO como a CVM, INPI, SUSEP e até para o nosso fundo de pensão, o SERPROS. Em um desses trabalhos eu conheci o chefe de departamento de uma das unidades de negócio que tínhamos no RJO.

Ele estava querendo reforçar seu time com pessoas que tivessem uma visão gerencial e conhecimento geral de TI para interagir com os clientes de seu portfólio.

Foi quando eu decidi aceitar o convite e ir trabalhar na linha de frente de nossos contratos, dando uma pausa no ambiente de centro de dados, onde já acumulava decepções e frustrações, e indo me aventurar numa área completamente nova para mim. Foi realmente uma mudança de ares, da água pro vinho. Pude experimentar como era o trabalho de quem tem que manter o foco no cliente, de como era importante o trabalho que fazíamos para a sociedade brasileira, e do quão crítico era para a saúde financeira do SERPRO a manutenção dos clientes que tínhamos.

Aprendi muito durante os anos em que atuei na área de negócio. Tive um grande gerente e mentor nessa época. Ele era da mesma área de redes, onde comecei, e talvez por isso a nossa aproximação tenha sido tão rápida. Foi, de longe, o melhor gerente que tive dentro do SERPRO.

O time de gerentes que tínhamos em BSA também era muito. Principalmente pela figura do superintendente à época. Um cara simples, presente em nosso dia a dia e que suportava as nossas decisões. Mais um bom exemplo de liderança que colecionei.

Capítulo 6 - Projeto "rabo-de-foguete"

Dentro da SUNFJ tive muitos desafios, mas nada se compara ao projeto que "caiu" na minha mão logo nos primeiros meses trabalhando nessa superintendência.

Essa passagem é muito interessante, não só pelo tamanho e expectativa que o projeto tinha, mas pela forma de como ele foi "passado" pra mim.

Um dos gerentes que tínhamos em BSA era o coordenador deste projeto. Na verdade, ele também acumulava a função de gerente de contas e possuía outros clientes em seu portfólio. O projeto em questão estava sendo desenvolvido para um de seus clientes, a CVM, com sede no RJO. Depois esse cliente acabou sendo administrado pelo departamento do RJO.

Diante da dificuldade de se coordenar um projeto tão grande, onde o escopo era melhorar a eficiência de arrecadação desse cliente, tendo que pra isso remodelar todos os sistemas financeiros da autarquia, desenvolvidos em códigos legados e sem documentação, havia a necessidade de se ter um gerente de projetos local.

Como se não bastasse as diversas alterações no escopo desde o início do projeto (já estava em desenvolvimento por quase 1 ano), a equipe de desenvolvimento selecionada para codificar o novo sistema de arrecadação ficava na regional Belém.

Agora, imaginem o seguinte cenário: **a)** cliente no RJO; **b)** trazendo constantes desafios; **c)** crítico para o Estado; **d)** projeto em curso para melhorar a principal atividade do órgão; **e)** gerente de projeto que ficava em BSA acumulando outras funções; e **f)** equipe de desenvolvimento sediada em Belém.

A quantidade de variáveis e incertezas eram enormes, o que contribuiria para o fracasso do projeto se nada fosse feito. Diante desse cenário, eles precisavam de um gerente local para tocar o projeto e para "organizar a casa". Então, na cabeça deles eu parecia ser a escolha mais óbvia.

Portanto, numa terça-feira nublada no centro do RJO, assim que o coordenador de BSA chegou no prédio da Lapa, onde operava o departamento da SUNFJ na cidade carioca, fizemos uma reunião rápida sobre a estratégia de condução e pedimos um carro para nos levar até a sede desse cliente que fica na Rua da Assembleia.

No carro, estávamos eu, o coordenador de BSA e meu gerente no RJO. O trajeto até o cliente levava cerca de 15 minutos e foi exatamente esse o tempo que eu tive para conhecer o escopo do projeto, atual status, próximas entregas (estávamos adotando o método Ágil para apresentar os protótipos) e todas as partes envolvidas, bem como as possíveis alternativas a serem seguidas para dar continuidade ao projeto.

Como se não bastasse todo esse cenário, o cliente estava muito insatisfeito com o andamento do projeto, pois algumas entregas estavam atrasadas e outras partes do sistema continuavam com pendências no levantamento de requisitos.

Os meses subsequentes foram bem agitados, com idas frequentes à Belém para trabalhar com as equipes de desenvolvimento, além de inúmeras visitas ao cliente para coleta de requisitos.

Foi um período de bastante aprendizado e aquisição de experiencia. Além disso, como parte do investimento que o SERPRO fez em mim (eu já tinha conseguido ajuda financeira para fazer a segunda pós graduação em Segurança de TI) consegui aprovação para cursar o MBA em Gestão de Projetos pelo IBMEC-RJ, o que me ajudou bastante do ponto de vista técnico de como atuar na área de gestão de projetos.

Durante a minha atuação a frente do projeto nós tivemos a chance de recuperar muita coisa que estava atrasada, assim como dar uma visibilidade mais profissional nas entregas. No entanto, o trabalho de base não havia sido feito de forma correta.

Durante a fase inicial do projeto os requerimentos não foram coletados com as pessoas corretas dentro do cliente, o que gerava muitos erros na hora de codificar o sistema. Fluxos foram ignorados e muito retrabalho aconteceu. Por fim, o relacionamento com o cliente foi se deteriorando e chegamos no nível de termos que trocar informações com o cliente sobre o andamento do projeto via Ofício, pois a confiança entre as partes já havia sido comprometida. Emails e telefonemas eram constantemente ignorados.

Capítulo 7 - Um convite especial

Apesar dos atritos de comunicação com alguns gerentes do cliente, o projeto andava em plena recuperação. Chegamos a apresentar algumas telas do novo sistema, o que deixou o cliente mais confortável quanto ao futuro do projeto.

Além disso, ainda atuava em outras frentes, com outros clientes que tínhamos, sempre na linha de gestão de projetos, contratos e comunicação. Por várias ocasiões representava a unidade de negócio em reuniões internas e externas quando o titular não estava disponível. Muitas das vezes era o interlocutor entre o negócio e as áreas de infra e literalmente me via na linha de sucessão do departamento. Me sentia valorizado e o ambiente de trabalho era muito bom. Tivemos que deixar os escritórios da Lapa e nos mudamos para o MF. Novamente estava eu de volta ao MF depois de quase 10 anos. Foi ali onde tudo começara.

Naquele ano um novo diretor de operações assumiu e, com ele, toda uma nova estrutura abaixo foi criada.

Neste processo, o nosso gerente foi convidado para assumir um novo departamento regional que seria criado no CD do RJO. Seria o retorno do conceito do gerente regional para algumas áreas. Uma posição forte e com muita responsabilidade, pois essa pessoa seria responsável pela gestão de todo o centro de dados e das equipes de infra (suporte, segurança, banco de dados, armazenamento, monitoração e grande porte).

Como ele era da área de redes e possuía histórico técnico, além da amizade que ele possuía com o novo diretor, o convite para assumir o CDRJO veio naturalmente.

Depois de refletir bastante sobre as vantagens e desvantagens, pesou para ele o fato de não haver uma empatia com o então superintendente, que seria na prática o seu supervisor direto. Além disso, o movimento seria lateral, pois ele já era um chefe de departamento naquela época. Com isso, ele propôs ao diretor que me chamassem para a posição e formalizou a indicação do meu nome para ele.

Eu estava trabalhando no cliente, ainda naquele projeto financeiro, quando recebi uma ligação do meu gerente: *"Edu, indiquei teu nome para o departamento da CD, você topa?"*. Fiquei mudo por alguns segundos e, durante esse tempo passou um filme na minha cabeça com todas as oportunidades que havia criado expectativa, mas que nunca vingaram. Respondi que sim e agradeci pela indicação. Em seguida ele falou: *"Ok, então vá direto para o Horto, pois ele quer conversar com você. Ele estará lhe esperando no segundo andar"*.

Terminei o que estava fazendo com o cliente e parti direto para o Horto. Chegando lá, entrei na sala da diretoria onde estavam ele e mais um assessor da época. Nos apresentamos, ele quis saber se eu era aquilo tudo mesmo que meu gerente havia "vendido" e, depois de uma rápida conversa, ele formalizou o convite.
Em seguida, pediu que eu fosse a BSA na semana seguinte para conhecer melhor a estrutura e o que ele e o superintendente queria propor. Até àquele momento não havia formalizado a aceitação do convite, mas já estava satisfeito só pelo fato de estar sendo considerado para este que seria o nível mais alto que alguém poderia chegar em uma regional, ainda mais numa regional como o RJO, onde sempre existiu muitas lideranças e muita política.

Conforme combinado, fui a BSA na semana seguinte e conversamos muito sobre a nova função. O superintendente também estava presente e discutimos quais seriam as prioridades para o momento, o que viria de direcionamento e o que estava sendo esperado do novo regional.

Formalizei o meu "SIM" e comecei a pensar em nomes para formar a equipe. Mais tarde, fui almoçar com o superintendente da SUNFJ e, como já nos conhecíamos, ele logo percebeu que eu havia aceitado o convite. Muito no estilo dele, disse que teria feito o mesmo e que não teria condições de me "segurar" dentro da SUNFJ.

Se por um lado sentia tristeza em deixar a SUNFJ, por outro estava ansioso para começar a botar a mão na massa e deixar pra sempre o que seria a minha marca dentro do SERPRO.

Capítulo 8 - O maior desafio

Regressar à SUPCD como gerente regional podia assustar, eu vinha me preparando ao longo dos anos para este tipo de responsabilidade e sabia que mais cedo ou mais tarde isso iria acontecer.

Comecei a executar a estratégia para montar o time. Estava ciente de que havia um direcionamento para renovar o Centro de Dados do RJO, incluindo a substituição de alguns gerentes.

Os gerentes antigos que tive na minha primeira passagem pela SUPCD não estavam mais lá. Cada um já tinha seguido o seu caminho e não precisei ter a preocupação de destituir do cargo alguém que havia sido meu supervisor direto.

Foi quando o então gerente da divisão de produção e grande porte me chamou em sua sala e me perguntou "na lata": *"Eduardo, você vai me tirar do cargo? Preciso saber, pois dependendo da sua resposta eu irei sair no APA deste ano."*

A franqueza dele me pegou desprevenido. Não esperava um *approach* tão direto. Aliás, isso era uma das coisas que admirava nele, pois também compartilho da mesma virtude (ou defeito em alguns casos…).

Como não costumo deixar pergunta sem resposta e, sempre tentando ser o mais transparente possível, respondi que sim, que era sim uma opção substituí-lo do cargo devido aos motivos que a diretoria e superintendência havia compartilhado comigo semanas antes.

Ele agradeceu a transparência na resposta e disse que iria me comunicar sobre o que faria, pois não queria que eu passasse pelo constrangimento de ter que destituí-lo. Se tivesse que sair, ele queria tomar essa iniciativa e pedir pra sair. Eu concordei e respeitei sua vontade.

Como o diretor havia me dado "carta branca" para montar a equipe, eu encaminhava os nomes para ele e o superintendente aprovarem. Sempre com as devidas justificativas. Foi assim com o indicado para a área da segurança. Convidei o colega que havia dividido a baia comigo durante a primeira passagem na SUPCD e que possuía boa bagagem na área.

Também foi assim com o indicado para a área de suporte, mas acabei tendo o primeiro atrito com o superintendente, pois ele queria outro nome para o cargo. No final, ele mesmo se convenceu de que a minha escolha era a mais acertada, pois meses depois a pessoa que ele queria colocar na posição, acabou se desligando do SERPRO por razões particulares.

Quando chegou a hora de avaliar a posição do gerente da produção e grande porte, eu parei pra refletir. Até então, as decisões que havia tomado para substituir os gerentes anteriores tinham sido baseadas em critérios específicos. Havia a necessidade de renovação devida a inúmeras razões como desgaste com a equipe, baixa performance, reclamação de clientes (internos/externos), entre outros.

No entanto, quando apliquei os mesmos critérios para este outro gerente eu não consegui encontrar motivação para trocá-lo, pois não havia reclamação sobre a área dele, sua equipe era unida e respeitava sua liderança e a performance nunca foi um problema pra ele. Aliás, aqui cabe um reconhecimento. Mesmo depois de mais de 40 anos trabalhando pelo SERPRO, durante a minha gestão como Regional do CDRJO, ele nunca demonstrou desmotivação, falta de comprometimento ou qualquer outro problema relacionado ao trabalho. Um exemplo a ser seguido por muita gente dentro da Empresa e sempre tive orgulho de trabalhar com ele.

Por isso, resolvi bancá-lo no cargo, mesmo contrariando a recomendação de meus supervisores de renovar aquela área também. Foi uma das decisões mais acertadas que tomei durante a minha gestão no CDRJO.

Com a equipe formada, com os novos gerentes nomeados, era a hora de promover as mudanças que eram esperadas e o crescimento que era almejado. Foi aí que decolamos!

Capítulo 9 - O renascimento de uma regional

O ano era 2013, poucos meses antes, em Dezembro de 2012 havia aceitado o desafio de liderar o CDRJO em seu renascimento, num cenário onde os investimentos só eram direcionados para SPO e BSA no que tangia centro de dados.

Com a parceria daquele eterno professor, redefinimos os nossos processos, estabelecemos metas e decidimos ser a regional onde todos os sistemas não estruturados iriam residir. Não havia condições de competir com SPO e BSA. Eles hospedavam os sistemas da RFB, grande porte, e dezenas de outros sistemas estruturantes do governo federal. Competir com eles era suicídio e improdutivo. Ao invés disso, iríamos ajudá-los a hospedar sistemas menores, menos estruturados, onde eles não teriam lastro para prover um serviço mais personalizado.

Mudamos o foco, e decidimos adotar esse modelo de negócio, onde o cliente poderia vir com uma ideia, hospedar seus ativos como um *collocation*, ou ainda usar nossa plataforma em nuvem para desenvolver seus sistemas. Decidimos oferecer um modelo de Infraestrutura como serviço - IaaS e, com isso, ganharíamos em escala e visibilidade dentro dos Ministérios, pois tínhamos condições de oferecer um serviço de qualidade e personalizado. Dentro do SERPRO não havia ninguém fazendo aquilo e foi através desta estratégia que o CDRJO decolou.

Partimos de míseras 50 máquinas virtuais para mais de 1.000 em pouco mais de 2 anos. O nosso centro de dados era usado como depósito de móveis velhos e havia poucos serviços em operação, basicamente serviços internos. Em pouco tempo, não só eliminamos os espaços ociosos dentro do CD, como começamos a ter dificuldade de encontrar lugar para absorver novos serviços. *Collocation*, hospedagem de sistemas, nuvem, máquinas virtuais, *storage*, *disaster recovery* para outros sites/sistemas, nós conseguimos mudar a cara do CDRJO e ficamos muito orgulhosos disso.

Com o crescimento, veio a necessidade de se adaptar para prover um serviço de maior qualidade. Pedimos e fomos atendidos. Novos concursados chegaram, novos servidores, storage, switches e, com o apoio da diretoria, montamos um centro de monitoração de padrão internacional que era eficientemente gerido pelo gerente regional da SUPGS à época. Colocamos equipes multi-áreas lá dentro. Foi quando crescemos ainda mais, adicionando mais uma divisão dentro do CDRJO, chefiada por uma profissional que vinha se destacando dentro da produção, um novo talento que surgia na época.

O nosso centro de monitoração era constantemente visitado por clientes, autoridades, políticos e fornecedores. Todos queriam conhecer como trabalhávamos.

O ritmo de crescimento era tão promissor que, os 200m2 que tínhamos de área dentro da sala cofre não comportava mais novos serviços. Recorremos a SUPGL e iniciamos um grande projeto de modernização do prédio da produção. Movimentamos as equipes de suporte para o primeiro andar e liberamos todo o segundo andar para servir ao centro de dados. Seria um crescimento de área de mais de 400% da capacidade, justamente vislumbrando novos clientes que haviam demonstrado interesse no modelo de negócio que estávamos propondo: *Collocation* e *IaaS*. E, para prover este tipo de serviço, a ampliação do CD era fator crítico de sucesso.

O auge disso tudo foi quando conseguimos hospedar com segurança e qualidade o site Brasil Voluntário, concebido para receber as inscrições de voluntários que iriam trabalhar durante a Copa do Mundo de 2014, além de outros eventos internacionais. Lembro que ficamos de plantão na noite em que o site teve dezenas de milhares de acessos por minuto, principalmente durante a divulgação no Jornal Nacional daquele dia. A partir dali, estava claro de que o CDRJO podia representar a altura tudo aquilo que o SERPRO representava para o governo federal e o Estado Brasileiro: "Competência e qualidade".

Foram anos de muita satisfação e de trabalho duro de todos!

Capítulo 10 - Hora da despedida

Durante os anos em que fiquei à frente do CDRJO, tive a oportunidade de trocar ideias com meus pares, gerentes e líderes de outras áreas e, para um deles em especial eu fiz uma confissão. Se ele ler este relato, certamente irá se lembrar disso. Disse que, apesar de tudo que havia passado em tão pouco tempo, dos problemas e pressões que o cargo exigia, da política e das incertezas a cada troca de governo, da falta de reconhecimento que era recorrente, ainda sim confidenciei a ele que eu iria me aposentar no SERPRO. Ali eu me sentia realizado profissionalmente, mesmo com a pouca rodagem em comparação com o pessoal mais experiente, que incluía ele mesmo, com quase 40 anos de SERPRO que tinha naquela época.

Pois é, mas a vida é imprevisível e tudo pode mudar a qualquer momento. Nos primeiros meses de 2016 quis o destino dar uma guinada na vida da minha família. Surgia ali uma oportunidade difícil de ser recusada. Uma oportunidade profissional fora do país que traria um futuro promissor para minha esposa e uma possibilidade de futuro mais seguro para meus filhos (aquela altura eu já tinha 2 filhos). Para isso, teria que abrir mão da minha carreira que, naquela época, já estava perto de ser consolidada em BSA.

Devido ao sucesso que estávamos obtendo e, motivado pelo desejo de renovação, o diretor de operações estava planejando uma troca de superintendentes dentro da DIOPE. Ele chegou a fazer um convite informal para que eu assumisse uma das superintendências. Seria a superintendência de operações, onde segundo ele, o desempenho não estava satisfatório. A ideia, com a minha entrada, seria a de repetir a mesma fórmula adotada no CDRJO: organização e processo. Era apenas uma questão de tempo para aquilo acontecer.

No entanto, a decisão mais correta a ser tomada era pensando no futuro da minha família. Dei todo o apoio e suporte necessário para minha esposa aceitar o convite. Expliquei o contexto para meus filhos e de como seria importante para o futuro deles ter acesso a um ensino de maior qualidade e viver num país onde há mais oportunidades. Comuniquei a minha decisão ao superintendente e ao diretor. Iria pedir uma licença sem vencimentos para embarcar com a minha família nessa aventura.

Antes de tornar isso oficial, as primeiras pessoas do SERPRO que ficaram sabendo foram meus subordinados diretos, pois devia a eles essa lealdade e fazia questão que eles soubessem de mim primeiro. Lembro durante um almoço no Shopping Leblon com o chefe do suporte, quando comentei sobre a decisão pela primeira vez e a reação dele foi de incredulidade, claro, ninguém esperava mesmo, nem eu...

Depois que se tornou oficial, reuni no auditório todos os 62 funcionários do meu departamento e mais alguns convidados, para divulgar a todos sobre a minha decisão de me afastar do SERPRO por tempo indeterminado.

Escrevendo sobre esse assunto pela primeira vez pode parecer fácil para quem está lendo, mas acredite, foi uma das decisões mais difíceis que já tomei na minha vida. Todo esse processo foi muito difícil de conduzir desde o início. Afinal, estamos falando de uma mudança radical de vida que impactou toda a família.

Enfim, durante um discurso improvisado para um auditório cheio no Horto, as lágrimas eram inevitáveis enquanto eu discorria sobre todas as conquistas que havíamos alcançado e do quão eu era grato e privilegiado por fazer parte de uma equipe tão qualificada como aquela do CDRJO.

No fim, o regional da SUPGS, a quem havia confidenciado que iria me aposentar no SERPRO, pegou o microfone e me confrontou (em tom de brincadeira) dizendo que eu havia quebrado a promessa que tivera feito. Ele me deu um longo abraço, desejando sorte e sucesso. Logo depois, fui recebendo os cumprimentos de um por um. Foi muito emocionante e gratificante ao mesmo tempo, pois durante aquele momento tudo vinha na minha cabeça. O sentimento de missão cumprida e de que o meu ciclo estaria chegando ao fim.

O que eu guardo com carinho desde aquele dia foi o reconhecimento que ouvi de alguns colegas sobre o que havia sido conquistado e resgatado nos últimos anos naquela regional. Nós conseguimos reerguer o centro de dados do RJO, e era possível ver nos olhos da maioria o orgulho que eles tinham disso.

Capítulo 11 - Continuidade do legado

Depois do comunicado oficial com meus colaboradores, era necessário planejar a transição. Fui a BSA para começar a desenhar esse processo junto ao superintendente e para pedir que o legado deixado não fosse impactado. Para isso, já fui com o discurso pronto, de que o momento não era de mudanças, mas sim de continuidade do trabalho. Ainda tínhamos muito espaço para crescimento, pois o projeto de expansão do CD estava em andamento, com a SUPGL tentando aprovação para dar início às obras civis. Para isso, a pessoa que já me substituía naquela época quando tinha que me ausentar, era o nome mais adequado para dar a continuidade que desejava.

Depois de algumas "idas e vindas", consegui convencer o superintendente de que a pessoa que eu estava indicando seria a melhor escolha. Isso foi anunciado aos gerentes do Horto na última visita do superintendente na regional, antes de eu deixar o cargo. Foi um pedido que havia feito e fico feliz que tenha sido dessa forma, pois meu substituto seria capaz de conduzir a área com a mesma competência. Meses depois, uma mudança organizacional e novas diretrizes foram sendo implementadas, o que acabou com boa parte da estrutura que havíamos construído.

Ciclos, a vida é feita de ciclos, e no ambiente empresarial não seria diferente. Era um novo ciclo que iniciava-se e eu não estaria lá para participar. Agora seria com eles...

Capítulo 12 - Adeus, obrigado pela jornada incrível

SERPRO, 12 por 12 é uma narrativa sobre a minha passagem por essa Empresa que aprendi a respeitar e onde passei doze anos de minha vida tentando dar sempre o melhor.

Doze anos não são doze meses, mas também não são 45 anos como um de nossos colegas celebrou naquela época, assim como inúmeros outros que trabalharam e ainda trabalham nesta instituição que tem o poder de causar um blecaute de Estado.

A maioria não consegue enxergar ou não faz ideia do tamanho do SERPRO, da importância que essa Empresa tem para a estabilidade do nosso país. Sustentamos os sistemas mais importantes do Governo Federal, hospedamos informações estratégicas do país e possuímos profissionais extremamente qualificados, ao ponto de Empresas multinacionais de tecnologia recorrerem aos técnicos do SERPRO para aprenderem como resolver problemas em seus próprios sistemas. E isso eu vi acontecer. Não estou falando porque simplesmente alguém me disse.

Passados todos esses anos, teria mais consciência para responder a pergunta que os colegas da Shell haviam feito quando parti para essa jornada no SERPRO. Pois, se me perguntassem o porquê gostava tanto de trabalhar no SERPRO, do porquê defendo tanto essa Empresa, mesmo tendo passado tantos momentos desagradáveis lá dentro, iria responder: *"Porque ao longo daqueles anos eu aprendi o valor que as nossas soluções representam para a sociedade, da diferença que nós fazemos na vida das pessoas, através do nosso trabalho e dedicação, e isso, não tem salário nenhum que pague"*.

O amadurecimento profissional que tive nesses doze anos foi absurdo e me ajudou bastante para enfrentar os desafios diários que tenho em minhas novas obrigações.

Para encerrar esse discurso de valorização e defesa do SERPRO, onde faço uma extensão a todo o serviço público, recordo uma passagem interessante que demonstra um pouco de como éramos comprometidos com essa Empresa.

Durante a fase de fortalecimento do CDRJO, o ritmo de trabalho era muito intenso. Muitas vezes ficávamos até tarde para preparar um novo ambiente, ou simplesmente para certificar de que a nova implementação estava com a performance adequada.

Em uma dessas ocasiões, tivemos inúmeras reuniões num único dia para organizar a implantação de um sistema. Uma equipe multi-regional havia sido escalada para trabalhar durante a fase de implantação. Numa dessas reuniões, haviam duas pessoas recém concursadas naquela época. Terminada a reunião, eles chegaram pra mim e para o gerente do suporte e comentaram: *"Vocês nem parecem funcionários públicos"*. Perguntamos o porquê e eles responderam: *"Porque vocês trabalham muito para quem é funcionário público. Eu vim pra cá pensando que iria encontrar um ritmo de trabalho mais tranquilo"*.

Não lembro exatamente qual foi a nossa reação depois que ouvimos aquilo, mas fiquei refletindo por algumas horas e cheguei a conclusão de que aquilo havia sido um dos melhores reconhecimentos que poderia receber, pois estava ali comprovada a mudança na percepção que as pessoas têm do serviço público, que muitas vezes se traduz em ineficiência, desperdício e morosidade, mas que existem aqueles que não atuam dessa forma, como era o nosso caso.

Portanto, essas pessoas podem sim mudar esse conceito, esse preconceito que muitos têm sobre o funcionalismo público. Pois elas não sabem o que milhões de servidores públicos fazem no dia a dia para manter a máquina girando. Infelizmente a classe política desse país tem contribuído muito para que a população em geral tenha essa visão equivocada do serviço público.

Ineficiência e desperdício de recursos há em qualquer lugar, independe de instituição, seja pública ou privada. A diferença está nas pessoas e na forma de gestão. A diferença está na motivação de cada um e dos objetivos que cada um quer alcançar. A diferença quem faz é você!

Encerramento

No decorrer desta narrativa, tentei ao máximo retratar em palavras os momentos mais marcantes da minha história como serpriano, pois sempre que olho para trás e lembro desses episódios (bons e ruins) me sinto um privilegiado de ter vivido aquilo tudo e, ainda mais importante, orgulhoso de ter dado a minha contribuição para o desenvolvimento de uma sociedade melhor.

A importância que um cargo público tem no meu modo de pensar é muito grande, não só pelo fato da diferença que pode ser feita na vida do cidadão, mas bem antes disso, do nível de sacrifício que nós fizemos para exercer essa função com dignidade e honestidade. E falo da fase de preparação, da dedicação aos estudos, das noites sem dormir, dos fins de semana dentro de casa, lendo, revisando, sem falar nas pessoas que têm que fazer tudo isso e ainda ter que administrar a casa, os filhos e o emprego atual.

E, depois que você consegue passar em um concurso público, deixando para trás milhares ou até milhões de candidatos, você precisa recomeçar e provar que é bom o suficiente para exercer o cargo no qual era tão almejado. Muita gente não vê o que está por trás e o que foi preciso para chegar ali.

Por isso, deixo aqui registrado o meu respeito, agradecimento e admiração a todos os funcionários públicos desse país, seja o nível hierárquico que for, pois além do esforço que enfrentaram para ser o que são, todos eles possuem uma imensa responsabilidade, a de prestar o melhor serviço possível para a sociedade. E, para mim, esse nobre compromisso não só me inspirou, mas sempre alimentou a minha constante necessidade de vencer novos desafios.

Agradecimentos

Ao longo desses anos trabalhando no SERPRO, atuando em várias áreas e interagindo com tanta gente, sou grato pelas pessoas que conheci, convivi, trabalhei, discordei e abracei.

Portanto, dedico este capítulo para agradecer a cada um de vocês. Pelos ensinamentos, pelas histórias engraçadas, pelas vitórias e pelas derrotas também!

Vou me esforçar para lembrar de todos aqui, mas se por ventura eu estiver esquecendo de alguém, me perdoem e por favor não fiquem chateados, pois mais importante do que este registro, é a lembrança do que vivemos durante os anos em que estivemos juntos.

Começando, fica aqui registrado o reconhecimento e agradecimento aos meus gestores que me inspiraram com sua liderança, mesmo nos momentos em que haviam conflitos de ideias, saibam que todos foram importantes no meu processo de crescimento profissional. Foram eles (em ordem cronológica):

SUPTI:
Ana Cristina Pinheiro, Ricardo Bernardo, Eduardo Pinheiro (Dudu), Marcio Santos e Fernando Rodrigues.

SUPCD (1a passagem):
Sergio Roberto e Roberto Cruz (Batatinha).

SUNFJ:
Jorge Luis (Jorginho), Ricardo Lima e Marco Sobrosa.

SUPCD (2a passagem):
José Gomes Junior e Wilton Mota.

Em seguida, fica registrado o reconhecimento e agradecimento aos meus colegas de trabalho que, junto comigo, ajudaram na constante busca por servir melhor a sociedade através do esforço e dedicação. São eles:

Equipe da DERAT e DEFIC: Valderes, Hamilton, Angela, Sidney, Rafael, Jefferson, Amadeu, além dos colegas de outras delegacias da RFB como Eduardo Batalha e Rafael Lameirinha.

SUPCD: Moacir Medeiros, Murilo, Carlos Hill (Cadu), Almir Fernandes, Jairo Velasco, Marcio Goulart, Carlos Carrera, Alexandre Soriano, Marcio Menezes, João Lara, José Edson, Antonio Celso, Ariadne, Lourival, Katia, Luciana, Jorge Baiano, Ricardo Pires, Robson Sobral, Ligia, Cida, Fatinha, Gerson Ballock, Paulo Medeiros, Ricardo Paiva, Fernando Bainha, Fernanda Sousa, Jorge, Maravilha, Mazoni, Ana, Victor, Leo, e a todas as pessoas que me conhecem, mas que não me recordo os nomes agora.

SUNFJ: Bianca, Marcelo Rangel, Livia Nazare, Amadeu, Diana e a todas as pessoas que me conhecem, mas que não me recordo os nomes agora.

Demais áreas: Gleiber, Peixoto, Borer, Amaro Omena, Lino, Seabra, Sheila, Gilberto Netto, José Castro, Ulysses, Marcos Allemand, Marcos Vinicius Mazonni, Roberval, Iran, Pontes, Glória Guimarães.

Por fim, encerro com uma seção especial para agradecer essas pessoas que marcaram a minha passagem no SERPRO e estarão sempre vivas na minha memória. Com muito carinho, são eles:

Ana Cristina Leitão, pela confiança depositada em mim desde o primeiro dia no SERPRO, obrigado pelas oportunidades de crescimento que você me proporcionou, abrindo portas para o meu desenvolvimento profissional.

Almir Fernandes, pela disponibilidade e proatividade de sempre querer ajudar, principalmente nos momentos difíceis, sendo um verdadeiro *coach* e parceiro por tantas ocasiões. Obrigado pelas aulas professor!

Jorginho, por ter apostado no meu potencial desde o início quando me levou para a frente do negócio, mesmo sem tanta experiência na área, me deixou à vontade para crescer e desenvolver meu trabalho. Além disso, por ter se arriscado a indicar meu nome para o departamento regional da CD, abrindo mão da sua indicação para o mesmo cargo.

Cadu e Moacir, pela amizade, respeito e parceria de todos os dias. Vocês foram os meus fiéis escudeiros durante as vitórias e durante os momentos difíceis também. Agradeço a confiança e lealdade de vocês.

Wilton e Junior, por terem confiado no meu potencial e por terem patrocinado o projeto de renascimento do CDRJO naquele momento. Sem o suporte de vocês, nada daquilo seria possível. Obrigado por terem sido os nossos padrinhos naquela jornada.

Márcio Menezes, pelas longas conversas em sua sala, pelas orientações e dicas preciosas de alguém que conhece muito bem o SERPRO. Obrigado pela parceria e respeito mútuo.

Jairo Velasco, mesmo que não estejas mais entre nós, você foi um exemplo para todos da equipe. Sempre motivado, profissional e competente, quando completaste 45 anos de SERPRO ainda tinha combustível para continuar produzindo com a mesma eficácia. Meu eterno respeito.

Carlos Carrera e Márcio Goulart, pelas oportunidades de absorver um pouco da experiência de vocês no enfrentamento dos desafios do dia a dia, através das longas conversas, almoços e confraternizações que tivemos.

Cida, Ligia, Fatinha e Livia, as melhores secretárias que alguém poderia querer. Fica aqui todo o meu carinho a vocês por terem cuidado de mim e do nosso departamento todos esses anos. Até hoje não esqueço dos *cupcakes* que vocês fizeram para comemorar um dos meus aniversários e dos inúmeros cafés da manhã que organizavam. Vocês faziam sempre a diferença!

À todos, o meu MUITO OBRIGADO. Foi uma jornada incrível que ficará marcada para sempre na minha vida. Rezo e torço para que cada um de vocês estejam bem e que seus projetos de vida continuem dando certo.

Que Deus abençoe a todos!

www.ingramcontent.com/pod-product-compliance
Lightning Source LLC
Chambersburg PA
CBHW031516210526
45464CB00007B/2931